김숙희 두 번째 시집

푸른 처방전

책펴내열린시

• 본 도서는 2024년 부산광역시, 부산문화재단 지역문화예술특성화지원사업으로 지원을 받았습니다.

김숙희 시집-가슴에 내리는 시 137

푸른 처방전

지은이 김숙희
펴낸이 최명자

펴낸곳 책펴냄열린시
주소 (48932)부산광역시 중구 동광길 11, 203호
전화 010-4212-3648
출판등록번호 제1999-000002호
출판등록일 1991년 2월 4일

인쇄일 2024년 4월 12일
발행일 2024년 4월 15일

ⓒ김숙희, 2024. Busan Korea
값 12,000원

ISBN 979-11-88048-92-2 03810

• 저자와 협의하여 인지를 붙이지 않습니다.
• 잘 못된 책은 바꿔 드립니다.
• 이 책의 내용 중 일부 또는 전부를 저자 및 출판사의 동의없이 사용하지 못합니다.

□ 자서

  마음에는 늘 긴장과 불안과 설렘이 공존한다. 첫시집을 낸 후 셀 수 없는 월력을 넘기며 오늘에 이르렀다. 누구에게라도 그 간의 겪은 사연을 주저리주저리 이야기하고 싶어 일어 섰다.
  깊이를 가늠할 수 없는 하늘에다 한 마디씩 쌓았던 사설을 아홉해 만에 꺼내 들었다. 아직도 설 익은 글이지만 함께하는 도반들로부터 등 두드림을 받아 두 번째 시집을 내게 되었다.
  나이를 잊은 어미의 끝없는 도전에 말없이 힘이 되어 준 딸들과 든든한 사위들, 손주들의 격려에 늘 무지개를 품는다.
  함께하는 문우님들께 심심한 감사를 드린다.

2024년 4월
혜림 김숙희

목차…4
자서…3

제 1 부

옥탑을 쌓다…11
위문 편지…12
의자를 비우다…13
잃어버린 시간들…14
인연을 끊다…16
저녁 8시에…17
절대 고독…18
젖은 길을 걷다…19
젖은 하늘…20
중얼거리는 앵무새…21
지도 위에 휴가…22
청동상 얼굴…23
추락…24
춤을 추다…25
편지를 기다리다…26
푸른 처방전…27
풍경…28
해무 속 일출…29
혼자 웃기…30
횟집에서…31

휴일…32

제 2 부

분양을 받다…35
비 오는 날…36
산불이 나다…37
생일에…38
설 대목…39
수서하다…40
차 한 잔…41
시계를 보다…42
시력검사…43
시를 읽는 낙타에게…44
아침 산책…46
아침이 온다…47
아픈 빈자리…48
안개를 피우다…49
애인에게…50
앨범을 열고…52
어둠을 만지다…53
우리 동네…54
우산을 말리다…56

제 3 부

    노을을 입다…59
    노점상…60
    눅눅한 벽…62
    달에 가다…63
    등대 불빛…64
    따뜻한 손…65
    마사지…66
    물든 은행나무…68
    물안개를 보며…69
    바람 속을 가다…70
    바람결에 실려 온 향기…71
    반지…72
    발등을 찍다…73
    발자국을 찍다…74
    벌판에서…75
    벼랑 끝에서…76
    별을 잃다…78
    봄비…80
    봄을 입으면…81
    부산 여자…82

제 4 부

가구를 버리다…85
가상현실…86
가시를 뽑다…87
강의실 빈자리…88
거리 두기…89
겨울을 보내다…90
고등어…91
공원 의자…92
구월 비…93
구름을 먹다…94
그늘에 앉아…95
기차를 타다…96
깃발을 세우다…97
꽃을 먹는 물고기…98
까치 소리…100
나를 검색한다…101
나의 사과나무…102
나의 춤…103
낮잠을 자다…104
노을 앞에서…105

□ 해설/일상에서 은총과 감사 – 강영환…106

제 *1* 부

옥탑을 쌓다

창을 밀고 들어선
아침 인사가 까치다
기침이 깃발로 오른다

탑을 쌓을 때
허리가 휘어지는 순간마다
무지개를 덧칠해 놓은 하늘

눈으로 웃으니 눈이 감기고
그 안에 빛나는 비단이 가득
몸을 휘감아 날개가 펼쳐진다

못내 휘어진 팔다리가
탑돌이를 하며 기도를 하는데
도는 탑이 동풍을 몰고 온다

위문 편지

골목을 들어설 때마다
붉은 치마를 두른 채
마냥 배가 고프기만한 우체통

그 뒤로 작은 가게엔
굽은 허리 두드리며 일어서는 할머니
손에 얹힌 우표 한 장

열네 살 손 글씨는
눌러쓴 연필심을 몇 번이나
부러뜨렸을까

선생님 가르침에 쓴 위문 편지
'국군 아저씨께'
철조망을 지키는 아저씨에게 달려가고

다물어지지 않는 입술은
기다리는 손길마다 소식을 쥐어 주고
처방전 없는 약방문이 되어 다독여 준다

의자를 비우다

영하를 오르내리는 날씨
온몸을 얼음으로 묶어 놓은 채
맑은 일기를 알리는 기압골

입김으로 인사를 나누는 시선들
두 손 두 발 가둔 순간이
허공으로 날아가는 철새다

깃발은 갈 바를 잃고
펄럭이느라 어지럼증이 몰려든다
몸을 비운 이제는 차라리 홀가분한

한 걸음으로 해거름을 가리라
기다리지 않게 미소를 보이며
울음을 가슴에 담은 채

너를 비울 때 이미 난
멀리 떠나는 꿈을 꾸었지
날씨는 아직 영도에 멈춰 있다

잃어버린 시간들

파랑새는 열두 살 아이에게 말했다
힘차게 뛰는 피돌기를 누르며
파랑새를 날려 보냈다

파랑새는 글짓기 선생님이었다
'멋진 작가가 되겠는 걸.'
스물한 살 파랑새 한마디는

아이의 속내에 무지개로 뜨고
아이 꿈을 키우는 명약이 되어
홍조 띤 볼을 담는다

가슴 시린 무지개를 견디는 동안
파랑새 노래는 흑백사진으로 남았지만
문득 도시 숲에서 파랑새를 보았다

잃어버렸던 무지개를 찾아
숲을 지나고 언덕을 넘어
파랑새 울음소리로 글을 만들었다

열두 살 아이는
파랑새를 데리고 돌아 왔다

인연을 끊다

울음 멈추고 누워있는 그를 본다
여전히 미소 머금은 채
감은 눈으로 위로를 전한다

눈물이 손수건을 몇 개나 말았는지
바짝 마른 채 붉은 눈동자를 업고 왔다
여린 각시 가시밭길 걸렸다고

넓은 가슴 펼쳐 소곤대며 가끔은
따끈한 커피로 고백하던 그대
못다 한 가슴 울리고

꼭 혼자 가야한다는 차가운 슬픔 남기고
눈물 훔치게 한 순간
잇고 싶지 않은 끈을 잘랐다

저녁 8시에

한낮을 갈등 없이 보냈을 즈음
맑음으로 환하던 하늘에
은행잎 휘날리는 계절의 춤사위

가슴에 결리는 순간 후우
몰아쉬는 숨비소리
온몸을 옭아맨 아픔의 소리

돌아본 발자국에 쌓인 미소가
서리 내린 정수리에
넉넉한 사랑으로 풍경이 되어

오랫동안 걸어온 마음에 평안을 담고
조금은 아쉬운 눈짓으로
방금 이별해 버린 노을진 찰나를
손짓해 부른다

절대 고독

수평선 너머에서 지쳐온 바람이
빈 가슴으로 들이친다
비명으로 들리는 숨비소리

메마른 산수유 가지를 꺾으니 진액이 한 움큼
물구나무로 서 있고
아무도 눈길 쏟지 못한다

독수리 발톱으로 움켜쥐었던
거친 태양열은 한 생을 향해
날개짓도 못한 채 빈손으로 가슴을 날고

체감온도 영에서 주저앉은 오늘은
아프리카 검은 손이 주물러 준 커피콩을 우려내며
검은 눈물로 채워진 바람을 마신다

젖은 길을 걷다

그대 못다 한 사랑이
발바닥에 스민다
풍경을 품은 눈에 오늘은
그대뿐이다

한걸음 뒤로 가쁜 숨이
쉼표 앉힐 자리를 못 찾아
창가에서 파랑새는
그토록 노래를 다듬었을까

무지개 안은 구름이
팔을 치켜들지 않아
움킨 눈시울 젖은 뜨거움

여전히 그늘로만 누워있는
마르지 않은 사랑이 스며든 흔적은
지울 수 없는 손길이다

젖은 하늘

하늘이 젖어 있다
먹구름이 덮여
숨 쉴 수가 없다

구름비를 찾아 나선 술래에
숱한 옷자락은 옷깃을 여미고
긴 숨 쉬는 의자에 앉는다

부신 눈빛이 갈피로 내려
젖은 하늘을 말린다
밀쳐둔 우산이 펼쳐진다

안으로만 감싸 둔
마르지 못한 속옷들이
햇살 담긴 이야기꽃으로

젖은 하늘 향해 잦은 걸음질이다

중얼거리는 앵무새

노란 날개가
장대 높이로 날아오를 때
부리에 물린 거미 한 마리

꽁무니를 들썩이며
벽돌을 찍어 내지만
그만 긴 동굴에 갇히고 만다

접은 날개 아래 잇몸에서
하얀 노래가 나풀거리고
익숙하지 못한 춤사위들

긴 시간 들려 온 속삭임으로
목마른 혀끝을 간질이며
목울대를 빠져나온 고단한 울음들

귓바퀴를 들추며 들어서지만
너와 나의 눈 맞춤으로
길고 긴 평안을 꿈꾼다

지도 위에 휴가

휴대폰을 끄니 눈이 조용하다
우선 눈 안에 접어 두었던
길들을 종이에 풀어 쓴다

발자국이 급행열차를 탄 듯
그림자 없이도 가방을 채우며
외출 단속으로 손이 바쁘다

몇 해 전부터 손가락을 접어가며
가보고 싶던 지도가 열지어
입에서 리듬을 탄다

발바닥은 전주 역에서
중앙시장 콩나물국밥집으로 향하고
꼬리 빼는 호남 말투가 귀를 잡는다

깜박 달력을 들추어 기록되어 있는
날짜를 확인하는 목마름
앞당겨 품어 본 휴가가 지도에 있다

청동상 얼굴
—평화의 소녀상

푸른 하늘을 작은 가슴으로
안은 채 붉은 기를 세운 앞에
의연하게 자리한 지 오년 여

역사를 온몸으로 받아 낸
서슬 퍼런 기백은 세계를 향해
품을 넓히는 살아 있는 증인의 아우성

돌아본 찰나는 이 나라 소녀의 외침
까마득한 후손은 엄동설한처럼 얼었던
소리들을 감싸주는 모자와 목도리로

외로운 옆자리에 잠간 앉아 다정한 위로로
숱한 밤의 별이 되어 버린 손을 잡아 주고
흘렸던 눈물을 감사와 존경으로 올립니다

추락
—암 병동에서

가슴에 무덤하나 봉긋하다
삼 년 시간은 일상이 헝클어진
눈물의 시간이었다

눈을 감고 마음을 닫았다
헤일 수없는 울음은
열 개의 손가락 안에 꽁꽁 숨어 버리고

참아지지 않는 눈물은
뜨거운 강물이 되어 흘렀다
스스로를 묶어야 살 수 있다는
움켜쥔 삶이 한 목숨을 낚아 채 갈 때
하늘과 땅은 얄밉도록 멀쩡했다
팽개쳐진 영혼 위로 한 줄기

생명의 소나기 퍼붓고 토닥이는
의사의 미소가 오방색으로 일으켜 세운다

춤을 추다

산수유 흐드러진 꽃송이로
두서없이 손을 흔들고
가만있지 못하는 손들이 어울리는 나무아래

한낮 사랑공원은 함께하는 시간이
어깨동무로 오방색을 입는다
계단과 계단 사이엔 지나간 눈물이 숨고

오늘은 노란색 미소로
온기 넘치는 정을 나누고
두 팔 벌려 한 아름씩 받는다

산수유 향해 활짝 펼친 두 팔이
어느새 눈시울로 유년의 봄을 움켜잡고
맴을 돌 듯 어깨춤을 춘다

편지를 기다리다

서편 바람이 시원하다
마음은 까치발로 앞서고
뜸했던 하늘 저편 웃음을 본다

가을을 잃은 시간이
야윈 손을 세우고
푸른 시간 활기찬 가슴은

강산 서너 번 지나는 동안
가슴에 쌓이고 어미는
날마다 열 손가락 깨물며

하루를 졸이는데 까치는
언제쯤 울어 주려나
가슴앓이로 눈시울 뜨겁고

하늘은 검은 구름으로
차일을 두텁게 쳐놓고
서남풍만 불어댄다

푸른 처방전

온 몸에 물이 돈다
하늘과 대지는 미소로
가득해지고

들려오는 목소리는
푸른색이 출렁이고
길고 풀리지 않는 실마리

답이 없는 이정표에 가시가 돋는다
펼쳐진 순례길에 그려진 얼굴들
대접은 꽃을 피우고

받은 마음엔 햇살이 가득하고
가슴앓이에 받은 오늘 처방은
웃음이라네

풍경

처마 끝에 눈물 가득하지만
미소 띤 얼굴로
하늘 바다를 향해 종을 울린다

찰나의 담소를 나누고
푸른 초장을 못 잊어
긴 숨을 토해 낸다

북풍에 매였던 온 몸이
남풍으로 기지개 켤 때
요사채 처마 끝은 동안거 중

용광로를 벗어난 후
계단마다 수행이고
수평선을 향한 동공에는

온 하늘이 들어와
걸음마다 나누는
사랑 묻어나는 종소리다

해무 속 일출

수평선 경계를 숨기고 달려 온
거친 바람은 숨 고르기로
몸을 바다 위에 누인다

손을 들어 동녘 향해
화살을 날리니 안개 뚫고 날아가
새각시 분 바를 틈도 없이

붉어진 얼굴로 온 파도를 물들이니
밤새 품었다 풀어 준 물빛은 말없이
수줍은 듯 덮고 잠들었던 홑이불을 걷어

먼 하늘 서랍 속에 개켜놓고
잔물결로 섬을 다독이느라
바쁜 손길 멈추지 못하는 바람

혼자 웃기

카네이션이 가슴에 핀다
꽃잎 펼쳐진 채
다물지 못하는 웃음이
아카시아 향을 내 뿜는다
이십일 년 전 우렁차게 경례하던 손자
대한해병5730 찍힌 철모로 무장하고
넘보지 못할 기상으로 각을 세운다

이등병 월급 쪼갠 손길로 보낸
'할머니 용돈' 찍힌 통장엔
우주를 받은 할머니 웃음 가득

대한해병이 머물고있는 동해안
작은 도시로 주름진 날들 다림질로
큰 북과 작은 북 함께 울리며
혼자 웃기는 멈추지 않는다

횟집에서

눈에 동해가 산다
동공이 뻐근하다
앞 선 발길 따르니 바다 한 상

비릿한 내음에 입맛이 동하는지
점잖은 위장이 헛기침을 한다

접시에 담긴 동해 친구
고향을 품고 선하품을 한다
아마도 신나는 물밑 놀음에 지쳤나보다

바람 쐬러 나왔던 동무들은
그물 속으로 모두 헤어지고
이제 꿈길로 향한다

고향 동해 친구들아
두고 온 식솔은 이별을 품었지
물밑 즐거웠던 날들
파도 식감을 맘껏 누리는 혀끝 발돋음

휴일

가루비누를 풀어 고단했던
한 주간을 담근다
담긴 시간들이 거품처럼
사라져 흔적조차 없다

견딜 수 없는 것들을 견딘
애썼던 일들이 헛웃음으로
하나둘 다시 일어서는데
칼칼한 햇빛 한 줌

시원한 웃음 한 쟁반
속삭임으로 다가온다
가림막 없이 걸어 놓은 여러 겹의
날들이 흥겨운 듯 펄럭이며

말끔해진 옷깃에 싸인 월요일이 우뚝 선다
노을을 바라보며 평안을 노래한다

제 2 부

분양을 받다

머리 싸매고 붙들지 못한 날들
몇 번은 회한으로
지나간 시간을 돌려 보려 했지요

문득 예상치 못한 순간이 다가와
말없이 가야만 했던 그 날의
깊은 속내를 내게 일러 주었지요

모두에게 한 아름씩 복을 지어 준다 해도
내가 받은 오십 년의 복만큼은
따르지 못하리라 장담하겠습니다

제비뽑기로 주어진 듯하지만 세상에는
나만의 요술 같은 복주머니가 있지요
그 속에 담긴 무지개 빛의 즐거운 순간이

분양받은 대로
풍선에 담겨 날아 다닙니다

비 오는 날

손님 찾아들 듯 문 앞에서
는개 젖힌 빗줄기가
유리창에 눈맞춤 한다

커튼을 펼친 순간
새댁 가슴에 들어와 자리한
잘 생긴 신랑을 불러내고

신접살림 포장 뜯는 손길은
막걸리와 곁들일 안주로
김 나는 김치전 구워낸다

날마다 나누는 밥상머리 밀어처럼
말할 수 없는 전 맛
둘 만의 손맛으로 서로를 품던 날

신기루 같던 시간들
그때처럼 내리는 비가
마술이 되어 흐르는가

산불이 나다

열정을 뿜던 계절은
흔적 없이 사위어 가고
경주하듯 거머쥔 가을

앞산과 뒷산에 불을 놓아
발길을 불러 앞서거니 뒤서거니
소방차 없이 맨몸으로 달린다

신기하게도 온 산이 벌겋게
타고 있지만 연기는 오르지 않고

봉우리마다 산불을 만끽하는
소리만이 메아리로 이산 저산으로
날개를 달아 휘달린다

토기장이가 손끝에 매달아
온 산이 타는 이 계절에
사랑은 나누면 뜨거움이 몇 도나 될까
소방대원들이 계속 오르고 있다

생일에

오월 현관을 열었다
여섯 날이 갇혀 있는 주일
움츠린 채 오월 맑은 날로 숨는다

동그라미 몇 개가 둘러진
숫자들은 무거워 비틀대지만
주름진 눈과 입엔 언제나 정월 초하루

서른 날 동안 밥 먹자는 전화가
여섯 번이나 동그라미 속에서
선하품을 하느라 고단하다

하필 내 귀빠진 날까지
오월에 앉아 바쁜 시간을
받아내는 수고를 안기니

하릴없이 채워나가는 나이테만
무심히 단맛으로 혀끝에 감겨
오월 선물로 들어선다

설 대목

만국기 펄럭임 없이
눈과 걸음을 재촉한다
건물 안 목청높인 곳엔 낮은 구름이

갖가지 신발이 키 높이로 다가 서는데
운동복 소매 끝 매달린 나이크가
구름을 흔들고 있다

메이커 신발들도 발돋음 하다가
활짝 열린 지갑을 흔들어 보이며
두 개는 아니되오를 귓등으로 밀친다

시침은 아직 어둠을 밀어내느라 한숨을 들이고
붉어지는 하늘에선 새벽 장닭을 초대한다
바구니에 누운 양지머리 설날을 기다린다

수선하다

내과의가 고개를 들고
물끄러미 바라본다
십년 동안

바뀌지 않은 이름으로 적는
안쓰러운 손이 가늘게 떨며
밀어가 귀에 속삭인다

고장이 나 고칠 수 있다고
창밖을 향한 시선이
햇살 한 줌을 담아 나누어 준다

조용하다고 믿었던 심장이
낡은 옷 늘어지듯
부었다고 신호를 보내왔다

고칠 수 있다고 장담하던
십년지기 의사 손을 붙들고
심장을 다독이고 돌아왔다

차 한 잔

따스한 안부 한마디
그윽한 향은
일곱 색깔로 다가와 선

당신이 건네는 위로
한 잔 술은 눈물이련만
못다 한 이야기는

서로의 눈시울에 갇혀
모락모락 쌓이고
고백처럼 어제를 안부하며

내일을 염려하는 가슴엔
물음표 한 아름

시계를 보다

큰 바늘이 작은 바늘을 밀고 가는
서로 간의 우애를 보며
작은 소리로 길을 세운다

늦지 말라고 귀를 만진 약속
구름은 연필을 잡는다
한낮으로 달리는 해 걸음

바쁜 연필이 손을 끌어
반가운 얼굴로 손을 내밀고
머리는 두 발을 모은다

전철에서 통화 소리가 요란하다
귀가 모이는데 통화자는
'시계를 보고 있잖아' 손목을 꺼낸다

귀지를 풀어낸 가벼운 귀고리가
노을에 물든 채 하품할 때
손목 붙들고 있는 바늘 두 개가 길을 재촉한다

시력검사

글자가 겹쳐 보여서 눈물이 흐른다
송곳에 찔린 아픈 빛이 눈을 감긴다

눈물이 곁들인 미소
흔들리는 풍경이 나를 향해
검사판이 되어 한 걸음씩 다가신다

손을 흔들며 안내하지만
누구라도 요구하는 자판은
선명한 모습을 감춘다

면접장에 선 열네 살 아이는
찡그린 귀에 면접관의 한마디

'시력이 약해 교사로는 적합지 않아'
'안경을 쓰고 다시 와'
어제인 듯 검사를 한다

*면접장소: (1959.2) 춘천사범병설중

시를 읽는 낙타에게

먼 길 돌아 온 발자국소리가
귓전을 맴돌 때
사막의 문고리를 잡는다

모래알이 담긴 손끝에서
그림자를 이끌고 마침내
등줄기에서 흘러내리는 눈물은

오랫동안 접어두었던 하얀 손수건
깃발이 되어 감싸고 어느새
바짝 마른 입술에서 돋은

한 줄 별빛은 쌍봉을 잃은
슬픈 낙타에게
모래바람을 막아주는
오아시스를 세우나니

쌓이고 쌓인 언덕을 적시는
낙타의 눈물이지만

멀리 두고 온 등을 쓰다듬으며
숱한 모래알을 읽는다

아침 산책

덜 여문 햇살이
어둠에 한발 앞서 들어선 길
지난밤 이슬에 담긴다

만남 없는 비바람이 되어
나뭇잎을 아쉬워하듯
윤슬로 입술을 건넨다

오래전 다섯 살 아들과 걸었던
길섶에 고사리 손이
하늘 이고 일어선다

반갑다 들여다보던 아이는
불혹을 넘긴 머리카락을 품었지만
고사리는 햇살 강을 건너가고

발걸음 붙드는 민들레만
아침을 흔든다

아침이 온다

푸른 하늘에
무지개가 찬란하다
두 팔을 한껏 벌려
오늘을 모셔 들인다

시계 바늘은
떨림으로 일어서고
바라는 것은
꼭 이루어지리라고

귓속에 쟁여둔 내일이
고운 빛깔 두르고
오늘을 열어 주다

무지개는 여전히 눈부시다

아픈 빈자리

부스럼이 슬며시 엄지손가락을 헤집으며
장작을 지핀다
엄지가 불꽃을 지른다

눈 맞춰 온기를 나눌 숨소리가
창밖에서 매미가 되어
이별을 노래한다

고른 숨 쉬게 되었을 때
하얀 달빛이 지붕으로 들어와
벽에 일과표를 일으켜 세우고

옹알이로 엄지를 다독이니
장작불은 사위어지고
굳은 살 박힌 자리가 푸르다

안개를 피우다

시간이 숨바꼭질을 한다
보이기 싫은 깊은 속내를
꽁꽁 숨긴 채

어른대는 눈물을
훔쳐낸 아귀엔
서러움이 가득하고

여명은 뒷발로 오려는가
하루를 저당하는 이야기가
골목을 빠져 오느라 바쁘다

돌부리를 넘지 못한 걸음은
주저앉고 싶어 주춤대고
시간은 희뿌옇게 모여 있다

애인에게

모든 이가 듣게
가다듬은 소리로 들려준다
'나, 여기 있다'고

누구를 만나든지 웃음 짓고
상냥하던 시절
함박꽃이 만발했던 날들

불혹을 지나고 지천명이
발목을 잡을 때
깍지 끼고 다짐한 사람이 덜컥

병상에서 일 년여를 살고
점점 시드는 함박꽃
겨우 포도당으로 세우고 보니

이순을 맞고 피멍 드는 내일이 와도
그래도 놓지 못하는 꽃이
숨 쉴 때마다 가슴속으로 묻히니

이젠 깍지 풀고 스치는 눈길에도
꽃잎을 펼쳐 애정하며
누구라도 이름 지어 사랑의 편지를 쓴다

앨범을 열고

색종이가 학이 되던 날
사각모 안으로
고이 접힌 열 마리 학을 품은 채

군용 열차에 휘파람을 날리며
길고 긴 고동을 남기고
가 버린 그대는

뒤에 남은 모습은
높이 든 태극기에 감싼 채
마른 눈물 속에 미소 간직한 날

손가락 걸지 않은 약속은
장문의 고백으로 남은 스무 살
꽃봉오리 눈물샘 틔우고

바람결에 실려와 자리 잡은
종이학 대신 마음을 열어 준
눈에 붙들린 찰나가 숨어 있다

어둠을 만지다

노을을 품은 하늘이
반짝임을 심었다
하나둘 별을 헤던 밤

고소한 냄새 한 아름 담은
어머니 치마폭
열두 살 푸른 마음 누인다

떨어진 별 가슴으로 품을 때
까맣게 물든 마루 끝
아버지 담뱃대도 반짝
하루를 안아버린 어둠을
살그머니 잡아당긴다

우리 동네

오랜만에 편안한 마음으로
문밖에 나서니 노을빛이
붉은 보자기를 펼치고 사십 년 전 하루가
눈을 붙들고 놓아주지 않는다

둘째 딸을 담고 들어 온 그날부터
불타는 하늘은 꿈꾸게 하였다
아이 둘을 더 낳고 미닫이를 넘던 아이들은
넘어져 무릎이 까이고

빨간 약은 늘 뚜껑이 열려 있고
먹거리 기다리던 아이들이 놀던 시절
바로 엊그제 같은데
오늘은 혼자여서 좋았다가 아닌

모두가 님이 되어 나를 울린다
낙동강 끝자락에 살게 된 큰 딸네
다니러 왔던 아버지가 했던 말
'편안한 거이 꼭 고향 같디 않니?'

묵은지처럼 숙성된 세월 속에
고향 닮았다는 말
나도 모르게 깊이 사랑하게 된
우리 동네

우산을 말리다

마른 하늘만 품은 유년은 산정호수
바람을 부린 날들도

늘 포근한 볕살로 다가와
투정 부린 물결 다독이고
다정한 윤슬 보여 주셨지요

어느 날 먹장구름이 온 하늘을
장막으로 두른 채 안색을 바꾸고
거센 빗줄기 맞이하니

유년을 꿈꾸던 호흡은 이제
감당하기 어려운 눈물이 되고
펼친 우산은 비바람 막아 주셨지요

해 뜨는 아침이면
하늘 저 편에 뜬 무지개 앞에
가쁜 숨 몰아쉬는 가슴을
활짝 펴 놓으렵니다

제 3 부

노을을 입다

늘어진 나이테에
봉숭아 꽃물 들 때
눈시울이 왜 붉어질까

얼굴에 스치는 바람도
그대 손길인 양
가슴으로 들어서고

허수아비가 된 순간들이
아우성으로 힘을 모을 때
마른기침 쿨럭이고

오방색으로 지은 옷자락은
미처 떠나지 못한 채 서성이는
나이테를 꼬옥 안는다

당겨진 고무줄처럼 시간은
실눈을 뜨고
흘긴 눈을 감지 못한다

노점상

난전에 앉은 어머니를 보았다
울컥 명치가 아려오는데
눈부신 햇살을 가리는 손

고단한 난전의 날들이 담겨
마디 없는 손이 수북한 푸성귀로
머슴밥 푸듯이 담는다

아니 손만 보고 앉았는데
엄동을 이긴 모양이 장하다며
땅 두릅 한 아름을 안겨준다

어머니도 바람 없는 곳에서
안식하느라 오래전 두고 간 여식은
까맣게 잊지 않았을까

어머니를 본 듯 마주 앉은
어머니께 씽끗 위안처럼 하는 말
"어쩜 물건이 이렇게 깨끗하고 싱싱해요."

활짝 웃는 어머니
아래 대문 이도 빠지고 없네

눅눅한 벽

하품으로 하늘을 본다
오랜 시간 들숨을 나누어 주어
등줄기에 따스한 손길이 흐르고

셈하지 못한 순간들이
만장이 되어 길을 채우니
소리 없는 행렬이 앞장 선다

볕살은 어느새 흔적 없이
아쉬운 한때로 날개는 재넘어 가고
불러보는 애타는 이름

우울을 안고 그늘진 계절
등줄기에 눈물을 실어
다리 위에서 날숨으로 선다

달에 가다

여물지 못한 청매실이
붉어진 이마로
간절하게 눈맞춤 한다

꿈꾸던 색동저고리
무리 지어 당산나무 돌며
은하수 저편 월식을 그렸지

앞산은 몇 번 변했을까
꽃신 문고리가 벗겨지고
고여있던 미소가 흘러 나와

주름진 가슴에 햇살로
등짐에 눌린 달팽이가 힘찬 발을 떼고
담금질로 두른 나이테는
노을이 건네 준 손수건으로
낮과 밤의 경계를 지운다

등대 불빛

뱃전에 앓는 바다가
귓밥을 잡아 당긴다
돌아가는 길, 기다리는 식솔들

가슴엔 은하수 흔들림이 쌓이고
어서 가자 가자
하늘은 별 하나 내 놓지 않는다

사나워진 몸짓 물결 앞
숨죽여 삼키는 타는 목마름
수평선을 제단 삼아 두손 모은다

그때 반딧불 같은 점 하나
동공에 반짝이고
소리 질러 사나운 파도 잠재운다

기슭으로 돌아설 때
주춤 물러서는 파도 앞에
여섯 식솔 푸른 기도가 눈부심이다

따뜻한 손

하얀 손수건이
손끝에서 젖은 숨을 쉰다
올려다보는 순간

등을 돌린 늠름한
군복 청년이
높이 들고 흔드는 손

처녀 여린 가슴에
붉은 장미가 되어
가슴앓이로 피어난다

장미꽃 진지 오년
젖은 손수건 돌려주지 못한
붉은 고백이 하얀 면사포가 되고

손수건 들려주던 손
넘치지 않은 꽃다발 담아
손난로가 되어 주머니를 따뜻하게

마사지

밤새 내린 비로 나무들은 불끈
가지마다 기운을 담고 있지만
가슴앓이 못다 푼 하늘은
우울한 듯 잿빛으로 가득하다

맑은 하늘은 보는 이의 가슴마다
높은 눈웃음으로 들어오지만
푸르름을 놓친 시선엔
깊은 그늘이 있을 뿐이다

순간 솜씨 좋은 손이 불쑥 들어 올려져
기대 한 아름 들썩이고
어느새 고운 가루 입힌 하늘
푸른 날개로 일어선다

길은 언제나 굽어간다고들 하고
불공평한 줄 알았던 오늘
그늘 속에서 불어오던 바람은 감히
흉내낼 수 없는 솜씨로

매끈하게 다듬어 꿈꾸는
노을을 초대한다

물든 은행나무

꽃샘바람 달려 온 날
숨이 멎을 듯 안아 주었지

몰래 나눈 사랑이
눈을 틔워 준 후
말랑한 연둣빛 저고리 입고

강남 제비를 맞이하고
어린 각시 오방색으로 화장하더니
팔월 한가위 가슴앓이 하던 봉숭아물

책갈피 속에서만 환하게 웃는 설렘
뜨거운 볕을 온 몸으로 감싸며
한 겹씩 토해내는 숨소리

가을옷 입은 은행나무
털리는 알알이 바구니에 가득할 때
꽃샘바람 기다리는 휑한 가슴이 된다

물안개를 보며

보일듯하지만 동공에 맺히지 않는
투명한 이름은 발돋음으로 키만 높이고
햅쌀밥 뜸 들이는 뽀얀 물안개 속

속삭이는 청색 목소리만
안개에 묻어 가슴 두드리고
푸른 점 찍으며 꼬리를 감춘다

지난밤 수면이 미소로 손을 잡아
온기를 전하던 호수가 지금 내 안에서
수줍어 오방색으로 일어선다

아낌없이 퍼부었던 서른 살 물결들
내게로 향하던 날들이 이젠 물안개로
흔적을 감추었다 다시 피우며

햇살 쪽으로 걸어와
선물로 주어지는 오늘

바람 속을 가다

눈 뜬 아침이 다가온다
내 눈도 설렘을 품고
두 팔 벌려 맞는다

수평선은 멀리서도
내게 갈매기를 보내고
손 그늘로 날개를 붙든다

떼로 날아오르는 갈매기는
노래하는 부리로 내 안에
둥지를 틀려 파고들 때

나는 두 눈을 뜨고
아침 속에 갈매기를 띄운다
바다가 열린다

바람결에 실려 온 향기
—민들레국수 대표

수도복을 벗고 내려 온 삶은
헤일 수 없는 이들에게
밥이 되고 옷이 되어 주는데
눈으로 귀로 허기지는 입맛에
아끼지 않고 듬뿍듬뿍 담아주는
고파하는 손길들에게 충만한 기쁨

진정한 고픔은 밥이 아니고
사람 대접이고 따뜻한 사랑이라고
미소로 품어주고 손길에서 나오는 바람

인천에서 시작하여 멀리 필리핀까지
가난이란 말조차도 필요없는 이들의 보호자로
날개를 접은 천사로 자리한 순간

온도를 잴 수 없는 무한대의 섬김은
눈으로 귀로 가슴으로 느낄 수 밖에
그 향기 많은 삶에 소중한 자양분이 되리라

*민들레국수 대표, 전 천주교 수사 서영남

반지

다짐으로 틈 없이 엮어
보이지 못하는 속내를
숨기려고 온기로 다듬은

그대 마음 나비로 내게와
헤이지 못할 들숨 날숨 모아
불쑥 내민 두툼한 가슴

다투지 않을 약조로
끝없는 미소만 찾는
그대 온전한 물음표

스물다섯 해가
약속의 나비가 되어
가녀린 약지를 묶는다

발등을 찍다

약을 다독여 주는 손등에
눈물 한 방울 내려 앉는다
마른 입술 축이는 소리가 천둥이다

이미 소나기가 된 그대 추억이
눈시울 속에서 넘치는 바람으로
만장이 되어 펄럭인다

한 송이 국화도 올리지 못한
는개가 되어 어깨에 내리는 날
손가락 걸었던 미소도 잠시

실타래 된 많은 날들이
미처 바르지 못한 약을 들고
발등을 감싸 쥐며

슬픈 손이 되어
떨구는 눈물이라고
우두커니 바라보고 있다

발자국을 찍다

돌아본 길에 발자국이 많다
아침마다 시계 침을 확인하며
어둠과 햇살을 걸었다

제법 웃음도 지으며
정거장에서는 이만하면 괜찮지
만족할 줄 아는 날도 있고

간혹 아픔이 오면
짙은 나이테로 감싸 안아
따뜻한 선물을 받기도 했지

이제 돌아보니 발자국 속에 담긴
젖고 마른 이야기는 모두 눈물이고
피 흘림이 멈춘 굳은 살 뿐이지만

아직도 잊을 수 없는 꿈
하얀 눈 위에 찍힌 한 마디
'시인이 될거야' 올려다 본다

벌판에서

가슴 가득 숨을 들이마실 때
한 움큼 빛이 온몸을 감싼다
그 빛살 어깨 위에 앉는 순간

한 걸음 오금에 힘이 실려
주욱 허리를 세운다
저만치서 가난을 벗은 하루들이

깃발이 되어 휘날리고
그 시간 수북한 양식으로
줄을 선다

반가움에 다가선 순간을
으스러지게 안으며
또 한 번 가슴 가득 숨을 들이마신다

벼랑 끝에서

침묵을 깬 순간
풀 먹인 세마포 펄럭이듯
주치의 목소리가 떨리고

귀앓이 하는 여덟 살 아이처럼
두 손으로 머리를 감싸며
눈시울 적시던 뜨거움

딸 셋 얼굴이 들어와
깊은 수심으로 가라앉고
새 가슴 된 어미는 눈을 감는다

천사 목소리로 위무하며
확신을 담은 손
치료의 시간으로 들어가고

다섯 시간 유방암3기 수술
딴 세상에서 돌아온 순간
아침에 만났던 햇살은 그대로다

상록수를 모시고
회진하러 들어서는 미소
멀리 갈 혈관을 선물한다

별을 잃다

사월을 밀고 들어 선
햇볕 밝은 날 아침
별 하나 눈에 안긴다

섣달 그믐을 열고
따뜻하게 다가온 별
생각이 지구를 품었다

앙증맞은 주먹은 보물을 쥐었는지
두 발로 박자 맞추어 작은 춤을
서른 해 달려 온 걸음에 선물한다

별은 무채색을 입고 있었지만
유난히 돋보이는 그늘로
사랑을 독차지했다

청년이 된 별은
하늘 닮은 미소로
초파일 생일을 퍼뜨리지만

어느 날 홀연히 새벽별이 되고
쉼 없이 흐르는 유성이 되어
가슴에 대못으로 들어선다

봄비

나무를 품은 대지가
눈을 뜬다 수혈을 삼킨다
흙은 피돌기가 시작된다

하늘 향해 눈 뜨고 있는 언덕마다
한 모금씩 갈증을 풀고
환한 미소를 나눈다

삼복을 견디어 낼 힘을 쌓으며
더욱 높은 곳으로 날아 갈
날개를 탐한다

물방울 온몸으로 끌어안고
냉기를 녹여내며 숨결을 내뱉는
먼 길 온 봄비는 젖은 흙을 들추는

농부에게 보습을 쥐어주고
시냇물을 타고 풀린 강
품에 안긴다

봄을 입으면

엄동에 묶였던 숨결들이
양지 녘 꽃망울과 함께 미소 띤 얼굴
눈과 귀를 간지럼 태운다

벌써 몇 걸음이나 앞장 섰는지
발 빠른 개나리가 수줍은 미소로
하품을 펼치느라 가지마다 흐드러져

얼었던 눈시울에 온기를 높이고
어느새 큰 손 높이 들어
물오른 뿌리 치켜들고 연두를 입힌다

뿌리 내린 목숨줄 멀리까지 풀어주며
올해도 함께 살아내자고
입맞춤하는 초록 계절이다

온 사위가 차렵이불을 덮는다

부산 여자

얼굴 쓰다듬는 바닷바람에
쏟아진 앞 머리카락
펴지지 않는 손가락으로
이마를 쓸어 올린다
유일한 남편 친구 부인이다

홀로 된 지 수십 년
공장으로 식당으로
일감 찾아 헤매던 자갈길에서
딸 넷을 키워 냈건만
국수 한 그릇 없던 환갑에
유방암3기 방사선 치료까지

절룩이는 날숨과 들숨 속에
숨소리도 쇠를 긁는 새벽녘
떠나지 못한 안타까운 울음
거센 파도 앞에 엎드려
살아온 여인
마른 생선처럼 앙상하다

제 4 부

가구를 버리다

파란 저고리가 웃는다
검정 양복이 곁을 지키고
새댁 손길이 쓰다듬는다

봄이 실눈을 뜨는 온기는 잠시
소나기 몰고 오는 폭풍우는
등꽃 시간을 쪼개어 나눈다

사계는 손바닥에서 사남매 키워내고
호흡을 가다듬는 한 날로 다가와
금박 입힌 졸업장을 쥐어준다

쓰고 단맛 지켜본 지킴이
문짝이 기울어진 채 침묵한다
이제 떠나야할 시간이다

주름진 마음 다독이며 새집으로 간다
우두커니 바라보는 녹슨 시간들
눈부신 햇살이 묵은 가구에 앉아 있다

가상현실

넓은 등에 복사꽃 얼굴을 묻었다
온기로 심장이 두근거리며
천둥소리로 귀를 잡는다

물소리도 숨을 멎은 듯
발끝으로 걷는
자갈 밟는 소리

별똥별 하나 둥글게 날아와
이심전심 말뚝이 된 채
하나로 엮으며 은은한 노래로

숨쉬기를 재촉하지만
열아홉 가슴엔 바늘구멍만큼도
틈이 없으니 터질 것같은

순간, 온기를 걷은 등짝은
별똥별 따라 은하수너머로 가버린
언젠가의 그리운 환상이었네

가시를 뽑다

눈물 마른 상처는
덧나지 않는다해도
눈웃음으로 박음질한다

눈 맞추는 동안
아픔을 눈짓으로 건네주는데
꽃진자리 향기는 더 붉고

굳은살 입혀진 채
꽃물이 덧칠해져 젖은 눈
잊혀진 꽃망울 찾다

푸른 계절에 안부 물을 때
짓무른 가슴앓이 훔쳐 주던 손수건
솟대에 꿰어 펄럭이는 깃발로
눈물을 달랜다

강의실 빈자리

약속 된 만남은
안부를 그림자처럼 동행하지만
잡힌 손을 놓친 듯

결핍이 몸집을 움츠리고
갈증으로 다리를 흔든다
빈자리를 받치고 있을 즈음

웃음을 참지 못하는 표정따라
무던히도 편안한 입맞춤 보이더니
실눈처럼 못 본 척하던 뒷모습

방울눈 뜨고 어디쯤일까
따스했던 순간을 기억하며
눈으로 귀로 삼키는 소중한 길을

이불 개켜 놓듯 조심스레
빈자리에 담는다
내 쓸쓸한 걱정이 담긴다

거리 두기

예배당이 휑하다
기도하는 눈에는
빛나는 말씀이 윤슬이다

주먹을 높이 들어 부드러운
마음이 담긴 온기를 나누고
눈 맞춰 인사한다

안부는 평안으로 답하고
가슴 가득한 날 은혜를 품을 때
언젠가 말씀으로 들려준 온기

고슴도치 사랑이 오히려
더 따뜻하고 반듯한 모습을
보게 된다고 위로로 날아와

윤슬로 빛나는 말씀 속으로 들어 선다

겨울을 보내다

보내야하는 쓰린 가슴으로
살갑게 마주잡은 손
온기는 물결처럼 전해져 온다

상고대 덮인 숲에 바람이 살고
실눈 끝에 다가서는 꽃망울 웃음
수줍음을 감추지 못한 꽃인가

떠나는 눈발은 숲을 깨우며
기지개 켜는 수은주를 기웃거리는데
먼저 온 홍매화가 가느다란 실눈을 뜨고

마중 나온 햇살에
고개짓하며
떠나는 겨울과 손짓을 보낸다

고등어

어릴 적 실개천이 가끔은
멈추지 못한 울음으로
고등어 꼬리를 흔들리게 한다

시냇물 휘젓고 가던 물길도
하얀 옷을 입혀 보내던
별리를 돌아보는 듯

가끔은 실한 물결을 흔들어
어느 집 식탁에서 비린 살점으로
애틋한 속내를 보인다

공원 의자

발걸음이 숨죽여 다가온다
밤새 모란나무들 주고 받은 말들이
편안히 뉘었던 자리를 가만히 턴다

이젠 사람이 나누는 말들을
듣고 싶은 귀 밝은 긴 의자다
조용한 걸음으로 오는 이가
등으로 지고 있는 붉은 해를
앞으로 돌려 궁금해 하는
의자에 두 손을 내려 놓는다

많은 사설을 품고 있는 의자
자리에 앉힐 나무에게 손짓하여
무지개색을 입혀 노래한다

침묵하는 의자는 늘 기다린다
밤을 하얗게 새운 마음에
맑은 이슬로 위무하고 있다

구월 비

하늘 편지는 언제나
웅덩이를 만들고
서릿발로 다가와
가난한 유리창 웃음 짓게 한다

한 여름을 눈물로 견딘
일곱 해 숨은 별똥별이
다시 흔적으로 남을 때

천둥치듯 애끓는 농부의 들숨 날숨
월력 열두 장이 동여맨 노래

삼베 적삼 등허리를 두들기는
하늘 향해 합장하지만
굵은 땀방울이

발자국소리로 들녘을 삼키며
하늘 편지는 날선 도리깨질하며
웅덩이를 새로 파고 있다

구름을 먹다

가을이 웃는다
하늘을 닮은 땅
수고로움이 가득하다

무르익은 오곡 그 풍성함은
계절의 눈물 지평선 너머
색깔 입은 냄새가 풍겨온다

정다운 어깨동무로
하나둘 앞장 세우며
내 안에 구름 품은 하늘이

성큼 들어선다
하늘을 삼킨다

그늘에 앉아

한 줄기 바람 옷깃을 들추고
가슴에 하늘을 담은 채
동지 섣달 별을 꿈꾼다

바쁜 걸음에 젖어드는 등줄기
태양은 그림자가 없어
목덜미가 후끈거린다

발자국마다 실리는 열기가
발목을 끌어당겨 가만가만
날숨을 모아 낸다

해거름녘 나이가 화들짝
품었던 한낮을 토해낼 때
먼지 쌓인 상처 안으로 달음박질하고

뜨거운 숨길은
앙상한 그늘을 달래고 있다

기차를 타다

볕살 찾아드는 아침
다가오는 갓난아이 미소가
햇살을 흔든다

젖내음에 휘감긴 아가는
어미 눈에 안기우고
배냇저고리만 펄럭인다

눈물 실은 가방은 끝없이 무겁고
동서남북을 향해 간절히 기도한다
가슴에 묻어 버린 아가는

행선지 없는 길을 찾아
낯선 길로 나서고
서른 해를 동여맨 가방은

기차역으로 향한다

깃발을 세우다

얼굴을 드니 새털구름이
볼을 쓰다듬으며
수줍은 속내가 물든다
솟대에 고이 접어 올린
별이 되는 스물네 시간이
무지개 뜬 수평선 너머에서
기지개를 펴며 선하품으로
글썽여지는 눈시울을 다독인다
눈에 담지 못한 꽃 한송이를
애써 외면하며 꿈 한 자락 펼치던 날
숱한 별들 속에서 반짝이는 눈물
색종이로 접었던 북두칠성
싹뚝 끊어다 꽃과 눈물을 입혀
펄럭이는 깃발 진또배기로
하늘 끝에 매달아 두리라

꽃을 먹는 물고기

포도청으로 하얀 꽃 줄 잇고
주름진 얼굴 들숨으로 펄럭이며
바짝 마른 미소가 흥건하다

어둠을 견딘 지느러미가 요동하며
안개 걷힌 새벽 아가미를 열고
속내를 보이며
깡총 걸음으로 아침을 본다

반딧불이 소소하게 스며들고
털어내지 못하는 한 판의 퍼즐이
가슴앓이로 내뿜는 휘파람이다

야윈 입김에서 라일락향이 춤출 때
잊혀진 첫사랑으로
잊을 수 없는 추억으로

치마는 앞산에 걸린
노을 따라 가버리고

초침을 붙잡을 수 없는
늙은 물고기는
꽃을 물고 아가미만 달싹인다

까치 소리

굳은 가슴에 하늘이 들어와
젖은 웃음이 되어
마주한 이에게 안부를 묻는다

한낮 눈부심이 그림자를 잊고
빛으로만 휘파람이 지어지는
가벼운 발자국, 행여나

모두를 향하여 서지만 누구나
움츠린 가냘픈 등판으로 서 있다
그림자에 지친 사람들 짧은 눈빛

바라보는 눈 속 소리 없는 어둠
지리산 토굴을 나선 수행자일까
묵언은 끝이 없는 미로인가

눈길 머무는 곳마다 눈과 귀만
피돌기를 하는지 음표를 놓친 노래가
불협화음으로 까치가 된다

나를 검색한다

창살을 비집고 들어 선 햇살 한주먹
편안히 보면 그저 환하다
눈 안으로 담기는 건 모두 우물쭈물 모습

검사표 맨 윗자리에서 맴도는 시력
시신경은 황반변성에 잡혀
난감한 안과의사 위로를 받고

검소한 의욕은 간절함만 더하고
날마다 빈손으로 노을을 만남은
캄캄한 시간 나이테만 두른다

검색은 눈길이 닿는 곳마다
마이너스로 드러나고
마음과 몸은 희망으로 저당 잡힌 채

우수리로 건네주는 면역을 입고
허물없는 감사로 하루를
선물로 받는다

나의 사과나무

휘파람이 일도록 하늘로
눈물을 날린다

다 전하지 못한 속내는
시간의 아우성
맥박 소리는 무지개 뒤로 숨고

탁상에 세워둔 일력이
시치미를 달아 맨 듯
눈만 빼꼼

사과나무는 별을 단다
바람 지나는 골목길에
흘릴 눈물은 이제 그만

벌판에 선 상록수 되어
휘어지는 사과나무 넘어지지 않도록
가슴에 박힌 별 잡아 주시게

나의 춤

건널목 파란불을 기다리는
엄마 손 잡은 여섯 살 아이가
꽃봉오리 엉덩이를 흔든다

아이스크림 물고 있는 입술이
단맛으로 반짝이고
엄마도 눈 안에 아이를 넣는다

오래전 막내 중학교 졸업식에서
말춤으로 눈살을 받고
고춧가루를 뒤집어쓴 적이 있다

젊은이들 춤은 모두 부끄럽다
널 춤추는 가슴들이 수두룩히
하늘 다니느라 바쁘다

가림막이 되어버린 모난 눈물이
건널목을 지나고도 몸 흔들며 가는 아이를
따라가지 못하는 날이다

낮잠을 자다

비 오는 날은 파전 부치는 날
새로 장만한 인견이불이
살갑게 품을 편다

어느새 온몸을 감싸고
보송대는 속삭임으로
자장가를 들려주고

보고 싶은 이는 꿈에서
화가 잔뜩 난 표정으로
등을 돌려 떠난다

한 마디 못했는데
혀끝에서 맴도는 쌓인 눈물만
허공으로 번질 때

누군가 흔드는 기척에 반짝
낮꿈은 거품이래나 뽀송한 인견 손길이
발끝에서 바스락거린다

노을 앞에서

저무는 시간이 꽃잎으로 물들어 갈 때
왼 종일 심호흡으로 두드린 가슴이
생선가시로 목울대를 울린다

동해를 두드리며 빛으로 일어서더니
한낮 북소리를 쏟아낸 후 힘겨운 듯
오방색으로 치장한다

등 굽은 늙은이 세 발로 버티어 선 길
발자국에 징검돌이 된 긴 숨
하얀 돌 하나 엎드려 있다

미처 훔치지 못해 질펀한 눈물
저만치서 손짓하는 붉은 손수건이
까맣게 잊었던 내 이름을 부른다

□ 해설

일상에서 은총과 감사

강 영 환(시인)

 좋은 시란 무엇인가? 시인이라면 누구나 한 번쯤은 생각해 봄직한 의문이다. 그리고 어느 시인이나 좋은 시 한 편을 기다린다. 그것은 시인마다 각기 다른 생각을 가질 수 있어 좋은 시 의미는 시인마다 다를 수가 있다. 시에는 정답이 있을 수 없듯이 좋은 시에 대한 답도 정해진 틀이 있을 수 없다. 내가 생각하는 좋은 시는 다시 읽고 싶은 시라고 간단히 말한다. 그러나 그 내용은 간단히 정리될 수 있는 의미는 아니다. '다시 읽고 싶은'의 의미 속에는 다양하고 복잡한 아젠다들이 뒤섞여 있기 때문이다. 그래서 좋은 시의 의미도 다양하고 복잡하며 의미가 폭넓게 자리할 것이다. 리차즈의 '훌륭한 시'의 의미에 값하는 작품으로 '시적 상상력을 수단으로 경험의 전체성을 노리는 시'라고 말하고 있지만 뜯어보면 결코 간단하게 정의될

성질이 아님을 알게 된다.

　김숙희 시인의 작품에서는 세상을 바라보는 일은 도덕적이며 세상의 평화와 행복을 위해 기도하는 자세를 가졌다. 시인이 만나는 모든 사물에서 평화와 사랑을 발견해내고는 그것을 세상을 향해 보낸다. 종교적 문제 이전에 시인이 찾아낸 사물을 보는 인식 방법으로 삼는 태도다. 모든 사물은 하느님의 창조물이다. 그러기에 인간과도 동등한 존재 이유를 갖고있다는 데서 인식의 출발점을 삼는다.

　2013년《문예사조》를 통해 능단한 김숙희 시인은 동화구연을 하며 유치원 어린이들과 함께하는 시간이 많다. 아이들을 만나는 시간은 가장 순수해지는 시간이다. 동화구연을 하면서 아이들에게 꿈을 심어 주고 꿈을 키워나가는 법을 일러 준다. 그것은 자신이 꾸었던 꿈이 어떻게 이루어져 가는지를 알고 있기 때문이다. 자신의 꿈을 이룬 시인은 세상을 향하여 감사한다, 꿈을 이룰 수 있게 해 주었기에 끝없이 감사하고 또 감사한다.

　김숙희 시인의 작품 속에는 자신이 어릴 때 꾸었던 꿈이 나타나 있다. 글짓기 선생님의 칭찬을 가슴에 품고 살면서 드디어 갑년을 넘어서서 시인의 꿈을 이룬 것이다. 자신이 어릴 때 꾸었던 꿈을 버리지 않고 간직해 왔고 그것은 바로 작가에 대한 꿈이다. 김숙희 시인은 그 꿈을 이룬 것에 대해 매우 기뻐하며 감사한다. 시를 지탱하는 기둥이다. 김숙희 시인이 작품에서 추구하고자 하는 의미는 평화와 행복이다. 이는 기독교적 세계관으로 접근되는 세계일 것이다. 그렇다고 종교관에 집중한다는 의미는 아니다. 시인의 작품에서 종교는 향기처럼 작용할 뿐이다. 시인은 생활 속에서 찾아낸 작은 행복에 만족한다. 행복은 커다란 모습으로 찾아오는 것이 아니라 작은 모습으로 온다는 것을 알고 있는 듯하다. 그 일상은 과거 공간과 연결 되어진다.

파랑새는 열두 살 아이에게 말했다
힘차게 뛰는 피돌기를 누르며
파랑새를 날려 보냈다

파랑새는 글짓기 선생님이었다
'멋진 작가가 되겠는 걸.'
스물한 살 파랑새 한마디는

아이의 속내에 무지개로 뜨고
아이 꿈을 키우는 명약이 되어
홍조 띤 볼을 담는다

가슴 시린 무지개를 견디는 동안
파랑새 노래는 흑백사진으로 남았지만
문득 도시 숲에서 파랑새를 보았다

잃어버렸던 무지개를 찾아
숲을 지나고 언덕을 넘어
파랑새 울음소리로 글을 만들었다

열두 살 아이는
파랑새를 데리고 돌아왔다

—「잃어버린 시간들」 전문

이 시의 내용은 이렇다. 21살 글짓기 선생님은 파랑새였고 12살 아이에게 '멋진 작가가 되겠다'는 꿈을 불어 넣었다. 세월이 지나 파랑새는 흑백의 지나간 시간이 되었고 아이는 커서 도심 속에서 파랑새를 보았다. 아이는 잠자던 꿈을 불러내 무지개를 찾아 떠난다. 그리고 파랑새 울음소리로 글을 만들었다. 그 아이는 파랑새를 데리고 돌아온다. 어릴 때 글짓기 선생님으로부터 받은 칭찬 한 마디는 아이를 작가로 만들었다. 고래도 춤추게 한다는 칭찬에 관한 이야기는 다음 시에도 나온다. 김숙희 시인에게는 그 기억이 매우 인상 깊게 생애에 남아 있는 것으로 보이며 시인을 지탱하는 힘이 되고 있다.

이제 돌아보니 발자국 속에 담긴
젖고 마른 이야기는 모두 눈물이고
피 흘림이 멈춘 굳은살 뿐이지만

아직도 잊을 수 없는 꿈
하얀 눈 위에 찍힌 한 마디
'시인이 될 거야' 올려다본다

—「발자국을 찍다」 후반부

생에 발자국을 찍는다는 것은 살아가는 모습을 말한다. 자신이 간직해 온 꿈이 바로 '시인이 될 거야'라는 것이다. 하얀 눈 위에 발자국처럼 선명하게 찍혀 있는 인생의 가장 인상 깊은 한 마디였다. 아마도 그 한 마디에 꿈을 접지 않고 아직까지 시를 붙들고 있는 것인지 모른다. 이런 모습은 반복적으로 나타난다.

김숙희 시인은 작품에 자신의 체험을 즐겨 사용한다. 대부분의 작품이 과거의 내용이거나 과거 체험을 바탕으로 쓰여진 것들이다. 배우자와의 만남과 이별이 담기기도 하고(「따뜻한 손」, 「애인에게」, 「앨범을 열고」, 「인연을 끊다」, 「춤을 추다」, 「편지를 기다리다」 등), 자식들 성장을 지켜본 어머니로서의 지난 일들 (「나의 춤」, 「별을 잃다」, 「아침 산책」 등)을 지속적으로 보여 준다.

글자가 겹쳐 보여서 눈물이 흐른다
송곳에 찔린 아픈 빛이 눈을 감긴다

눈물이 곁들인 미소
흔들리는 풍경이 나를 향해
검사판이 되어 한 걸음씩 다가선다

손을 흔들며 안내하지만
누구라도 요구하는 자판은
선명한 모습을 감춘다

면접장에 선 열네 살 아이는
찡그린 귀에 면접관의 한마디

'시력이 약해 교사로는 적합지 않아'
'안경을 쓰고 다시 와'
어제인 듯 검사를 한다

―「시력검사」 전문

이 작품에서 시적 화자는 1959년 2월 춘천사범병설중학교에 입학시험 면접을 보면서 신체검사를 하였는데 시력이 너무 약해 불합격 판정을 받는다는 내용이다. '글자가 겹쳐 보여서/눈물이 흐른다' 글자를 잘 보아서 좋은 시력 판정을 받고 싶은데 아무리 눈을 크게 떠도 송곳에 찔린 아픈 빛이 눈을 찌른다. 흔들리는 풍경이 검시판이 되어 나에게 다가선다. 검시판은 손을 흔들며 안내하지만 자판은 선명한 모습을 감추고 만다. 이건 안경을 맞추기 위한 시력검사가 아니다. 꿈이 이루어지느냐 마느냐의 입학 당락이 걸린 시력검사다. 이럴 때 화자는 얼마나 답답하겠는가. 결국 나쁜 눈으로 입학에 부적합 판정을 받고 안경을 쓰고 다시 오라는 격려 아닌 불합격 통보를 받게 된다. 김숙희 시인은 실제로 눈이 초고도 근시를 갖고 있다. 이 작품은 시인의 실제 체험인 듯 보인다. 그렇게 생각하게 된 근거도 「나를 검색한다」라는 작품에서도 시력이 좋지 않은 부분에 대한 안타까움이 콤플렉스로 담겨져 있다.

시에 제한 받을 제재는 없지만 대체로 시는 지금껏 있어 온 세계를 쓰는 것이 아니라 미래에 있을 새로운 세계를 쓰는 것이 보통이다. 지나갔거나 현재 존재하는 세계는 모두 낡은 것들이다. 낡은 것은 시의 의미로 들어앉을 수는 없다. 연륜이 오랜 분들은 과거를 파먹고 산다고들 한다. 황혼 녘에 들판을 바라보며 곁에 선 손자에게 자신이 겪었던 옛일을 조곤조곤 들려주는 일이 노후에 갖는 행복일 것이다. 그러나 시는 과거의 이야기를 들려주기보다는 미래를 들려줘야하는 것이다. 그래서 시에는 허구가 필요하다. 독자들이 듣고 싶은 것이 무엇일까. 생각해보자 내가 살아온 과거 일들일까. 아니면 내가 살아가야 할 새로운 길인가? 시인을 예언자로 보는 이유노 나아올 미래에 대한 예측을 하기 때문일 것이다. 시인은 미래를 사는 선지자가 맞는 말일 것이다. 그러기에 시는 낯설게 하기가 중요하다고 할 것이다. 시에서 낯설게 하기는 낯선 단어나 낯선 의미를 발견하는 일이다.

손님 찾아들 듯 문 앞에서
느개 젖힌 빗줄기가
유리창에 눈맞춤 한다

커튼을 펼친 순간
새댁 가슴에 들어와 자리한
잘생긴 신랑을 불러내고

신접살림 포장 뜯는 손길은
막걸리와 곁들일 안주로
김 나는 김치전 구워낸다

날마다 나누는 밥상머리 밀어처럼
말할 수 없는 전 맛
둘만의 손맛으로 서로를 품던 날

신기루 같던 시간들
그때처럼 내리는 비가
마술이 되어 흐르는가

―「비 오는 날」 전문

 김숙희 시인은 내리는 비만 보면 두근거리는 신혼 때를 떠올려 행복에 빠져드는가 보다. 이 내용과 비슷한 의미를 갖는 시가 또 있다.
 이 시의 화자는 결혼식을 갓 올린 새댁이다. 신랑과 함께 둘이서 신접살림을 정리하며 살림살이 포장을 뜯는다. 손님처럼 다가와 섰던 느개를 젖히고 비가 유리창을 두드린다. 커튼을 젖히는 순간 새댁의 가슴 속에 잘생긴 신랑이 자리 잡고 있는데 비는 신랑을 불러내고 막걸리 안주로 김치전을 구워 함께 먹는다. 그 맛은 날마다 나누는 밥상머리 밀어처럼 말로 다 표현할 수 없는 맛이다. 잘생긴 신랑과 단둘이 마주 앉아 알콩달콩 나눠 먹는 전 맛은 어디에다 비할까 그것은 둘만의 손맛으로 서로를 품어 갖는 그 맛만 같다. 오랜 세월이 지나 유리창에 내리는 비만 보면 그날이 마술처럼 가슴을 적시며 흐르는 것이다. 신혼 시절은 무엇이든 맛있지 않을 수 없고 신랑과 함께하는 시간은 어떠한 힘듦도 녹아 사라지고 만다. 지나간 과거는 아름답다고들 하지만 신혼의 달콤한 시절은 누구라도 삶에서 가장 아름답고 행복한 때가 아닐까. 이 작품의 화자도 그런 달콤함에 빠져 비 오는 날의 기억처럼 행복하기만 한 삶이 펼쳐지기를 기대한다. 다른 시편인 「낮잠을 자다」에서도 파전을 부쳐 먹고 난 다음 낮잠에 들면 보고 싶은 이를 꿈에서 만난다는 설정도 이 시에 등장하는 잘생긴 신랑이 떠오르는 것이다.

  김숙희 시인의 작품에는 행복하고 아름다운 과거만 있는 것은 아니다. 아프고 우울한 지나간 일도 불현듯 수면 위로 떠오르곤 한다.

  난전에 앉은 어머니를 보았다
  울컥 명치가 아려오는데
  눈부신 햇살을 가리는 손

고단한 난전의 날들이 담겨
마디 없는 손이 수북한 푸성귀로
머슴밥 푸듯이 담는다

아니 손만 보고 앉았는데
엄동을 이긴 모양이 장하다며
땅 두릅 한 아름을 안겨준다

어머니도 바람 없는 곳에서
안식하느라 오래전 두고 간 여식은
까맣게 잊지 않았을까

어머니를 본 듯 마주 앉은
어머니께 씽끗 위안처럼 하는 말
"어쩜 물건이 이렇게 깨끗하고 싱싱해요."

활짝 웃는 어머니
아래 대문 이도 빠지고 없네

―「노점상」 전문

 거리를 지나가다 난전에 앉은 어느 노점상 할머니를 보고 문득 돌아가신 어머니가 생각난다. 노점상 할머니는 푸성귀를 내다 팔고 있다. 난전 노점상 소쿠리 앞에 쪼그리고 앉아 상인과 나누는 정담이 눈에 그려지는 듯하다. 아무런 꾸밈이나 수식 없이 담담하게 펼쳐낸 묘사가 토속적 정취를 일깨워 준다. 머슴밥 담듯이 수북하게 고봉으로 담아 건네는 푸성귀에 주름살 투성이 손만 바라보고 있는데 겨울을 이긴 모습이 장하다며 땅두릅도 한 아름 챙겨 준다. 후한 인심이다. 마치 어머니를 대하는 듯하다. 생전의 어머니를 그리워하며 어머니도 딸자식을 잊지 않으셨다면 충분히 그럴 것인데 지금은 하늘나라 바람 없는 곳에서 안식하느라 잘 챙기시지 못하는 것 같다고 하늘에 계신 어머니를 이해한다. 그 마음 속에는 나의 어머니도 이렇게 푸근하게 잘 챙겨 주시는 어머니라고 말하고 싶은 것이다. 어머니를 마주한 듯 노점상 아주머니께 위안을 보낸다. '어쩜 물건이 이렇게 깨끗하고 싱싱해요' 하였더니 그 할머니도 활짝 웃는 웃음으로 답한다. 웃는 모습에 아래 대문 이도 빠지고 없는 모습이다. 이가 빠진 모습에서 어머니가 아닌 노점상 할머니임을 깨닫는다. 이웃 사랑과 어머니를 그리워하는 마음을 동시에 담아낸 수작이다. 이웃에 대한 애린의 마음을 담고있는 모습은 아래 작품에서도 보인다.

  김숙희 시인의 작품은 위로는 어머니와 아버지를 생각하고 아래로는 아들과 손자 생각에 빠진다.

얼굴 쓰다듬는 바닷바람에
쏟아진 앞 머리카락
펴지지 않는 손가락으로
이마를 쓸어 올린다
유일한 남편 친구 부인이다

홀로 된 지 수십 년
공장으로 식당으로
일감 찾아 헤매던 자갈길에서
딸 넷을 키워냈건만
국수 한 그릇 없던 환갑에
유방암3기 방사선 치료까지

절룩이는 날숨과 들숨 속에
숨소리도 쇠를 긁는 새벽녘
떠나지 못한 안타까운 울음
거센 파도 앞에 엎드려
살아온 여인
마른 생선처럼 앙상하다

―「부산 여자」 전문

유일하게 알고 있는 남편 친구의 부인에 관한 이야

기를 풀어낸다. 그 부인은 홀로된 지 수십 년이 되었고 그동안 공장으로 식당으로 그리고 일감 찾아 헤매던 자갈길, 길을 떠돌며 딸 넷을 키웠지만 회갑에 국수 한 그릇 먹을 자리 없이 유방암3기 판정을 받는다. 항암 치료를 받으며 심한 고통을 들숨과 날숨에 실어 뱉으며 '떠나지 못한 안타까운 울음/거센 파도 앞에 엎드려/살아온 여인/마른 생선처럼 앙상하다'며 완치에 대한 기원을 담는다. 이웃에 대한 지극한 관심과 애린의 마음 씀씀이가 노을처럼 배어 나온다. 김숙희 시인도 병원에 다닌 기억으로 그 여인을 향한 동병상련을 앓고있는 것이다.

  천사 목소리로 위무하며
  확신을 담은 손
  치료의 시간으로 들어가고

  다섯 시간 유방암3기 수술
  딴 세상에서 돌아온 순간
  아침에 만났던 햇살은 그대로다

—「벼랑 끝에서」 부분

가슴에 무덤 하나 봉긋하다

삼 년 시간은 일상이 헝클어진
눈물의 시간이었다

눈을 감고 마음을 닫았다
헤일 수없는 울음은
열 개의 손가락 안에 꽁꽁 숨어 버리고

참아지지 않는 눈물은
뜨거운 강물이 되어 흘렀다

―「추락-암 병동에서」 부분

  수술을 받고 나온 뒤 자신의 회복을 기원하며 쓴 작품이다. 수술하기 전에 만났던 햇빛을 만나듯이 이전 그대로의 모습으로 빠른 회복을 비는 마음을 담고 있다. 이런 마음은 힘들게 언덕길을 오르고 있는 휠체어를 누군가가 뒤에서 밀어준다면 휠체어에 앉은 이는 얼마나 고마워할 것인가? 그러나 그것을 시로 표현하지는 못한다. 왼손이 하는 일을 오른손이 알지 못하게 하라는 가르침 때문이다. 드러내 놓고 말하기보다는 상징이나 은유를 통해 표현해내는 서사가 더 감동을 주며 독자들 가슴에 흔적을 남길 수가 있다.

카네이션이 가슴에 핀다
꽃잎 펼쳐진 채
다물지 못하는 웃음이
아카시아 향을 내 뿜는다
이십일 년 전 우렁차게 경례하던 손자
대한해병5730 찍힌 철모로 무장하고
넘보지 못할 기상으로 각을 세운다

이등병 월급 쪼갠 손길로 보낸
'할머니 용돈' 찍힌 통장엔
우주를 받은 할머니 웃음 가득

―「혼자 웃기」 부분

  무릎 위에서 놀던 어린 손자가 장성하여 해병대에 입대한 일이 엊그제인데 20일 전 휴가차 다니러 온 손자가 넘보지 못할 기상으로 각을 세운 경례로 할머니를 감동시키더니 어버이 날이라고 이등병 월급을 쪼개어 모아 보낸 할머니 용돈이라고 적힌 통장을 보고는 감격해서 혼자 웃을 수밖에 없는 흐뭇함으로 행복을 누린다. 사랑은 내리 전한다고 하였던가. 부모로부터 받은 사랑을 자식이나 손자에게 나누어 주는 것이 우리 동양의 아름다운 가정 정서이다. 시인은 그것을 놓지지 않고 작품에 담아낸다. 그리고 이웃을 돌아다 본다. 어렵고 힘든 이웃에게도 사랑을 나누어 주는 것이 우리 선조 대대로 이어져 내려오는 공동체 사회의 정서이다. 이웃의 길흉사에 외면하지 않고 힘과 마음을 보태어 슬픔과 어려움을 극복해온 것이 우리 민족이다. 김숙희 시인도 종교적 차원이 아니더라도 이웃에 대한 마음 씀씀이가 우리네 토속의 정서와 맞닿아 있음을 본다.

마른 하늘만 품은 유년은 산정호수
바람을 부린 날들도

늘 포근한 볕살로 다가와
투정 부린 물결 다독이고
다정한 윤슬 보여 주셨지요

어느 날 먹장구름이 온 하늘을
장막으로 두른 채 안색을 바꾸고
거센 빗줄기 맞이하니

유년을 꿈꾸던 호흡은 이제
감당하기 어려운 눈물이 되고
펼친 우산은 비바람 막아 주셨지요

해 뜨는 아침이면
하늘 저편에 뜬 무지개 앞에
가쁜 숨 몰아쉬는 가슴을
활짝 펴 놓으렵니다

―「우산을 말리다」 전문

　우산은 보호막이다. 쏟아지는 비로부터 나를 젖지 않게 가려주는 안전핀 역할을 한다. 비단 비로 대별되지만 여러 위험으로부터 나를 보호해 순다. 그런 점에서 우산은 부모 혹은 신의 보호를 상징한다. 어릴 때는 마른 하늘만을 품은 산정호수였다. 그때는 우산이 필요가 없다. 바람을 부를 때도 늘 포근한 빗살로 다가와 투정 부리는 물살을 달래 반짝이는 윤슬을 보여 주었다. 그러다 어느 날 먹장구름이 몰려와 하늘을 장막으로 두른 채 안색을 바꾸고 세찬 빗줄기 쏟아내니 유년을 꿈꾸던 호흡은 이제 감당하기 어려운 눈물이 쏟아진다. 그때 당신은 펼친 우산이 되어 비바람을 막아 주었다. 당신은 나 대신 온몸이 흠뻑 젖게 되고 나는 해 뜨는 아침에 무지개 뜨는 저편에다 가쁜 숨 몰아쉬는 우산을 활짝 펴놓겠다는 뜻을 보낸다. 이 작품에서 우산은 하나의 상징으로 차용된다. 어린 시절 나를 보호해 주는 부모님의 상징이거나 아니면 내가 신앙으로 믿는 절대자에 대한 상징으로 보인다. 어른이 되기까지의 온갖 희생으로 나를 보호해 주신 것에 대한 보답은 아니겠지만 최소한의 보답이라면 햇빛 나는 아침에 젖은 우산을 펼쳐 말려라도 드리겠다는 믿음을 보여준다. 이 시는 은총에 감사하는 마음의 표현이라고 본다.

먼 길 돌아 온 발자국소리가
귓전을 맴돌 때
사막의 문고리를 잡는다

모래알이 담긴 손끝에서
그림자를 이끌고 마침내
등줄기에서 흘러내리는 눈물은

오랫동안 접어두었던 하얀 손수건
깃발이 되어 감싸고 어느새
바짝 마른 입술에서 돋은

한 줄 별빛은 쌍봉을 잃은
슬픈 낙타에게
모래바람을 막아주는
오아시스를 세우나니

쌓이고 쌓인 언덕을 적시는
낙타의 눈물이지만
멀리 두고 온 등을 쓰다듬으며
숱한 모래알을 읽는다

—「시를 읽는 낙타에게」 전문

 낙타가 사막을 간다. 시인은 사막의 모래알을 움켜쥐어야 할 낙타로 표현된 것이다. 낙타는 자신의 등에 사람을 태우고 사막으로 떠날 채비를 한다. 등에 탄 사람은 손에 쥔 것은 모래알뿐이다. 가진 것 없는 모래알이므로 눈물만 흘릴 뿐이다. 그 눈물을 닦을 손수건도 펴보지 못했다, 손수건을 깃발로 매달고 사막을 간다, 모래바람에 입술이 타고 하늘에 뜬 별빛은 낙타에게 모래바람을 막아주는 오아시스와 같은 것이어서 힘겹고 어려운 사막을 건널 수가 있다. 모래 쌓인 언덕을 적시는 것은 낙타의 눈물이지만 두고 떠나온 먼 사막 언덕인 등을 쓰다듬으며 숱한 모래알을 읽는다. 모래알이 시로 상징되며 낙타는 시인으로 상징된다. 그렇게 상징을 이끌어내어 쓴 시다. 낙타 등에 태울 사람 혹은 그림자는 독자들이라 보면 될 것이다. 이 작품은 시인이 시 쓰기가 어렵고 힘듦을 낙타에 빗대어 보여준 것이라고 보면 된다. 어쩌면 김숙희 시인은 자신에 대한 격려이면서 다짐이기도 한 시편으로 읽힌다. 사막을 건너야 하는 낙타처럼 누가 그 어렵고 힘든 일을 감내할 것인가?

>온몸에 물이 돈다
>하늘과 대지는 미소로
>가득해지고
>
>들려오는 목소리는
>푸른색이 출렁이고
>길고 풀리지 않는 실마리
>
>답이 없는 이정표에 가시가 돋는다
>펼쳐진 순례길에 그려진 얼굴들
>대접은 꽃을 피우고
>
>받은 마음엔 햇살이 가득하고
>가슴앓이에 받은 오늘 처방은
>웃음이라네

―「푸른 처방전」 전문

이 시에서 봄이 왔다는 의미는 생략되어 있다. 내용

속에 그런 의미가 숨겨져 있기에 굳이 써넣을 필요가 없는 것이다. 온몸에 물이 돈다. 이 말에도 주어가 생략되어 있다. 주어는 나무일 수도 있고 나일 수도 있다. 누구를 지칭하는 것인가는 독자의 상상에 맡긴다. 뒤에 나오는 의미로 볼 때 나무로 해석하는 것이 합당할 듯하다. 아니면 내 안에 물이 돈다로 읽어도 상관이 없다. 시인이 의도적으로 애매함을 숨겨놓은 장치이다. 들려오는 목소리도 주어를 새나 짐승이나 사람으로 어느 것으로 해석해도 풀리는 문장이다. 봄이라면 다 그렇게 푸른색으로 목소리를 내기 때문이다. 나무뿐만 아니라 새들이나 개구리울음까지도 죄다 푸른색으로 운다. 자연을 오래 관찰해 본 이라면 그것들이 봄에 우는 색깔을 보여 주고 있음을 느낄 것이다. 그들의 울음소리는 실마리가 풀리지 않는다. 짐짓 한 발 뒤로 물러남이다. 몸에 물이 돌고 있는 사물이나 푸른색으로 울고 있는 사물들이 가르키는 방향을 나타낸 이정표는 가시를 물고 가르쳐 주려고 않는다. 그들은 삶을 걸어가는 순례길에 마악 들어선 자들이다. 그들을 대접하기 위해 꽃들이 핀다. 그것으로 미루어 이 시의 시기적 공간은 봄이라는 걸 말해준다. 봄에 출발 선상에 선 모든 사물들이 햇살을 가득 받고 아픈 내게 처방전을 내린다. 시적 화자가 받은 오늘의 처방전은 푸른색이 충만한 봄이라는 것이다. 1연에서 하늘과 대지는 미소로 가득 하다고 진술했다. 화자는 하늘과 땅에 가득한 봄이 보내는 미소를 처방받은 것이다. 그래서 봄에는 웃어야 한다. 봄이 보내주는 처방전을 받고 함께 웃는 세상을 만들면 생동감 있는 봄 공간을 보여주고 있다.

  어떤 암호 하나를 앞에 두고 궁리를 한다. 어떤 의미로 해석해야 할까? 시인이 숨겨놓은 암호는 시인이 스스로 풀어야 정답에 도달할 수가 있다. 그런데 시인은 오만방자하게도 독자에게 그 어려운 해결책을 떠넘긴다. 독자는 온갖 궁리를 해서 그 암호를 풀어내고 스스로 대견해 한다. 시인은 왜 시를 어렵게만 쓸까. 왜 알 수 없게 의미들을 배치해 둘까? 이 작품에서도 주어를 생략해서 독자들을 난처하게 만든다. 그러나 시인은 돌아서서 슬그머니 미소를 짓는다. 누구나 다 알고 있는 사실을 사실대로 표현해주면 시인을 난도질할 것이 뻔하기 때문이다. 「푸른 처방전」에서처럼 김숙희 시인이 추구하는 시 세계도 과거 지향적이거나 자기만의 사유 공간에서 벗어나 모든 인류의 공감대가 걸쳐져 있는 의미에 기대어 가기를 당부하면서 두번째 시집 출간을 축하드린다.